LE

JUVÉNILE-KEEPSAKE

PAR

madame

EUGÉNIE FOA.

PARIS.

CHEZ L'AUTEUR, RUE GAILLON, 25.

—

1845

Paris, Imp. d'Ad. Blondeau, rue Rameau, 7. (Place Richelieu)

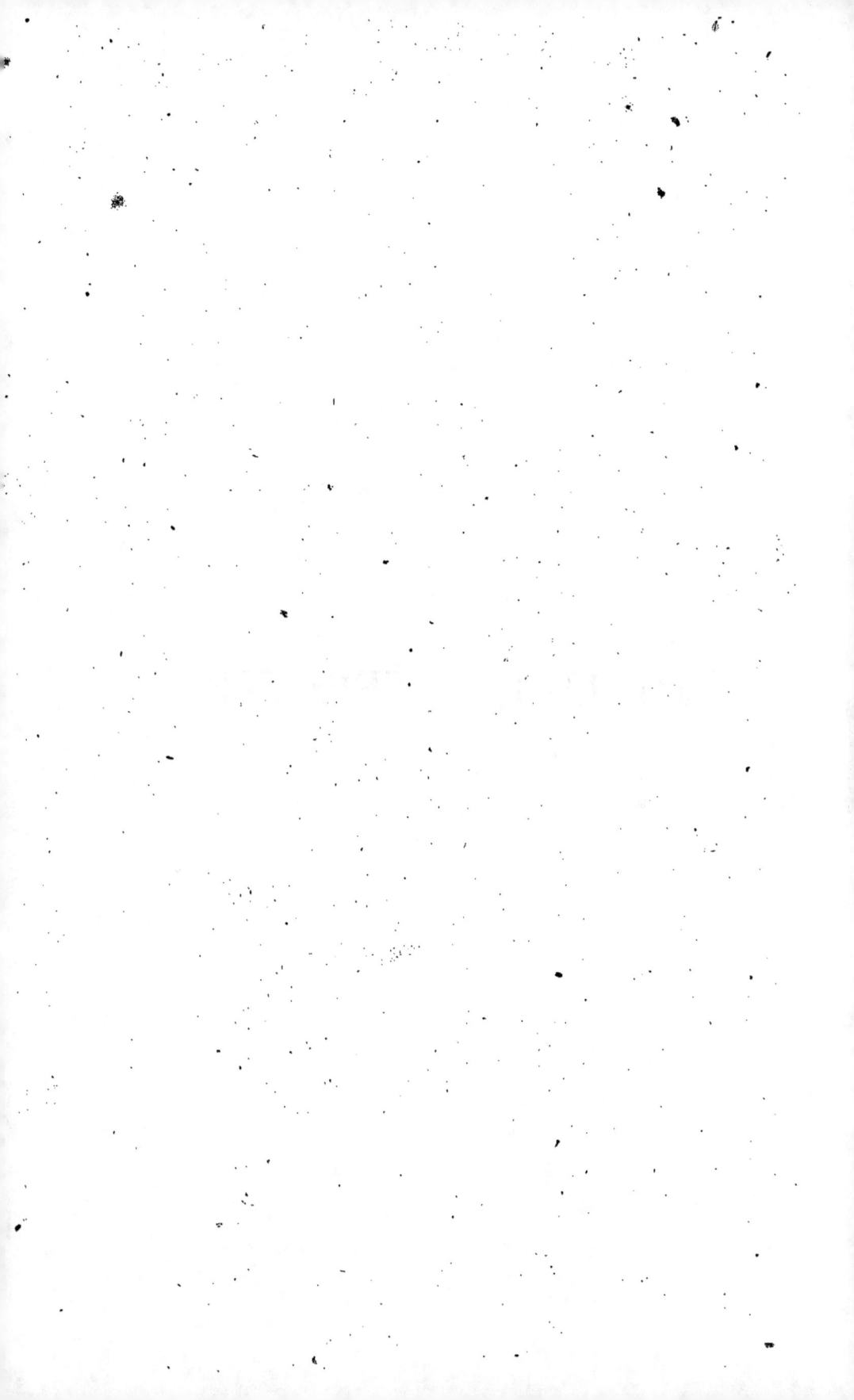

LE

JUVÉNILE-KEEPSAKE.

PARIS. — DE L'IMPRIMERIE D'ADOLPHE BLONDEAU,
Rue Rameau, 7 (Place Richelieu).

LE
JUVÉNILE-KEEPSAKE

PAR

MME EUGÉNIE FOA.

PARIS.

CHEZ L'AUTEUR, RUE GAILLON, 25.

1845

LE TABLEAU MYSTÉRIEUX.

I

ANDRÉ.

ULIENNE, sais-tu ce que c'est que ce tableau que mon papa cache avec tant de précaution dans son armoire? demandait à une vieille servante occupée à essuyer des tasses de porcelaine qu'elle arrangeait à mesure sur un plateau de laque de Chine, une petite fille de dix ans environ, dont le costume élégant complétait l'idée d'une fête, que les apprêts de Julienne faisaient présumer.

— Est-ce que je sais, mademoiselle Claire, répondit Julienne avec humeur. — Est-ce qu'il n'y a pas ici, dans cette

1

maison, mystères sur mystères, pourquoi cette soirée par exemple ?

— Pour ma fête, Julienne, aujourd'hui 14 avril 1760 j'ai dix ans. A propos où est André? ajouta-t-elle.

— Encore un qui nous est venu, on ne sait d'où, répliqua la vieille bonne.—Il y a quatorze ans de cela, votre père qui était parti pour une expédition contre les Anglais ou les Autrichiens, je ne saurais le dire au juste, revint de cette expédition avec un petit enfant de deux ans environ, car il ne parlait pas, enveloppé dans un grand manteau d'officier, vous n'étiez pas née alors , mademoiselle Claire, et votre mère n'était pas morte non plus, à preuve qu'elle nourrissait M. Henry... Quant à cet étranger, tenez, voyez-le donc appuyé sur un tertre de gazon, contre cette grotte que monsieur votre père fait faire, et qui n'est pas encore finie, ajouta Julienne, indiquant du doigt, par la croisée, un jeune homme de quinze ans environ ; il était triste et pensif, son costume sévère et gracieux relevait singulièrement sa bonne mine, un juste-au-corps de velours noir faisait remarquer l'élégante souplesse de sa taille, en même temps qu'il relevait par sa couleur sombre la pâleur mate de son visage, de son cou et surtout celle de ses mains, d'une aristocratie remarquable, des demi-culottes de velours sur de longs bas de soie blancs achevait sa toilette, un berret de velours noir posé un peu de côté sur ses cheveux blonds, donnait à sa physionomie sérieuse quelque chose de mélancolique et de distingué qui saisissait l'âme.

— Comme il est triste! dit Claire en le regardant.

— Il n'y a peut-être pas de quoi, répliqua Julienne ; un petit inconnu, est-il riche? est-il pauvre? est-il noble ? il n'a pas même de nom !

— Ne s'appelle-t-il pas André, fit remarquer Claire ?

— Un nom, un seul nom pour un chrétien, ça n'est pas trop, dit la vieille en hochant la tête dédaigneusement.

ı — Non, mais c'est assez répliqua Claire.

— Est-ce que vous ne vous déguisez pas, vous aussi mademoiselle Claire? demanda Julienne.

— Tu ne vois donc pas l'œil de poudre que Barbichon a mis dans mes cheveux. — Tu ne vois pas les deux étages de ma jupe en peau de soie rose, et mon cazaquin de lampas gris de perle. — Je suis en dame, Julienne.—Henriette doit être en bergère, Armande en dame de la halle, et Antoinette en bouquetière. Oh! nous serons toutes jolies comme des cœurs... Mais je m'amuse à bavarder, et j'ai bien autre chose à faire et de plus important à m'occuper.

Disant ces mots, Claire s'élança hors du salon où cette conversation se tenait; elle gagna le jardin, le traversa en courant, et s'approchant d'André, qui, à la vue de la charmante enfant, si rose, si fraîche, si jolie, perdit un peu de sa mélancolie habituelle.

— Monsieur André, lui dit-elle de prime-abord, je vous cherche pour vous recommander mon frère; pour vous prier, pendant le bal, de veiller sur lui, d'empêcher...

— Hélas, mademoiselle Claire, répondit André tristement, comment voulez-vous que moi, qui ne suis rien ici, je me permette...

—Monsieur André, interrompit Claire, Henry ne m'écoute pas parce que je ne suis qu'une petite fille; il n'écoute pas les domestiques, parce que ce sont des domestiques. Son vingtième instituteur est parti ce matin, en disant comme les autres que c'était voler l'argent de mon père que de vouloir enseigner quelque chose à mon frère; nous n'avons plus notre mère, hélas! pour veiller sur nous; mon père, inspecteur des armées de Louis XV, est presque continuellement en voyage... Vous êtes le seul être sage et raisonnable de la maison... Je m'adresse donc à vous... monsieur André... pour que ce soir rien ne trouble la fête que mon bon père nous donne pour fêter son retour; moi, je ferai les honneurs aux petites demoiselles; vous, ayez soin des petits messieurs... Surtout, je vous en prie, empêchez qu'on ne joue; ma bonne a jeté au feu toutes les cartes de la maison, mais mon frère est bien capable de refaire ce soir ce qu'il a fait il y a huit jours, pour faire son lansquenet où tout son argent passe, et le

mien aussi, monsieur André, d'aller chez l'oncle Thomas dérober les
cartes de son wisk...

—Comme vous êtes raisonnable et bonne, mademoiselle Claire, ne
put s'empêcher de dire André, dont les yeux restaient fixés d'admi-
ration sur cette charmante enfant de dix ans, qui parlait déjà en jeune
fille.

— Que voulez-vous, monsieur André, répondait Claire, si mon
frère était sage pour me guider, je sens que je ferais bien l'enfant à
mon aise, mais il est si fou, si fou! si déraisonnable, qu'il faut bien
que je sois trop sage, pour qu'il y ait un peu de sagesse pour lui, ainsi
c'est dit, monsieur André, vous veillerez d'un côté, et moi d'un autre,
afin que papa soit content, qu'il ne gronde pas...

— Ce n'est jamais vous qu'il gronde, mademoiselle, fit observer
André.

— Qu'importe, quand je vois se froncer le sourcil de papa, que ce
soit pour moi ou pour une autre cela me fait toujours impression, dit
Claire... Mais chut, voilà Henry, ajouta-t-elle, voyant accourir de leur
côté un enfant qui pouvait être de l'âge d'André, à en juger par le
visage, mais dont la taille peu élevée l'aurait fait supposer plus
jeune.

—André! cria le nouveau venu du plus loin que sa voix put se
faire entendre, — as-tu de l'argent à me prêter? je viens de faire une
petite partie de lansquenet avec du Queyla, de Farges et de Rivierre,
ils m'ont tout gagné.

— J'ai de l'argent, dit André, mais il ne m'appartient pas; c'est
le fermier Claude qui l'a apporté tout à l'heure; quant à celui que
monsieur votre père a la bonté de me donner, vous avez eu hier tout
ce qui m'en restait.

—Mille millions!...

—Oh! Henry, ne jurez pas, dit vivement Claire à son frère, lui
mettant gentîment la main sur les lèvres.

— Et toi, as-tu de l'argent, Claire? reprit-il.

— J'ai un louis d'or que ma tante Thomas m'a donné pour m'acheter un collier de perles pour ce soir ; j'attends le bijoutier qui va m'apporter le collier, répondit-elle en tirant la pièce d'or de sa poche.

— Tu payeras le joaillier avec celui que je te donnerai demain, dit Henry saisissant le louis et s'échappant avec.

Claire et André se regardèrent surpris, puis ayant entendu le bruit d'un carrosse qui entrait dans la cour, ils se dirigèrent l'un et l'autre vers la maison.

LE PETIT JOUEUR.

Pour célébrer son retour dans sa famille, monsieur Mateo avait invité toutes les petites amies de sa fille, et tous les amis de son fils, à venir passer la soirée dans son hôtel rue Saint-Dominique-Saint-Germain, n° 11. Le temps était si doux que la société s'était répandue du salon dans le jardin, et le soleil qui s'abaissait peu à peu derrière les beaux arbres du jardin éclairait des groupes charmants d'enfants, jouant qui, au colin-maillard, qui à la cligne-musette, qui au cheval-fondu; ce jeu exclusif (pour les garçons, entendons-nous bien) qui aux quilles, qui à la balançoire, quelques grandes demoiselles dont l'âge respectable avait bien atteint douze ans se promenaient gravement dans les allées sablées du jardin, et à leur maintien grave, au sérieux de leur physionomie on pouvait juger de la gravité et du sérieux de leurs discours... Elles parlaient poupées, quelques-unes, il faut cependant bien l'avouer, car, avant tout, une historienne doit être véridique, causaient de leurs études. De ce nombre se trouvait Claire.

Au plus fort de la conversation, la gentille enfant qui, en maîtresse de maison dont elle exerçait déjà les fonctions, avait un œil partout, remarqua André qui, sans affectation aucune, passait et repassait près d'elle en lui faisant chaque fois un petit signe qu'on aurait pu prendre pour un signe d'amitié, mais qu'elle comprit comme elle devait le comprendre, car, se séparant de ses petites amies, elle courut à lui, et son premier mot fut :

— Mon frère ?

— Il joue, répondit André, là-bas, dans le bosquet, allez-y, mademoiselle, allez-y, il est rouge, animé, il joue sur parole... votre vue le rendra peut-être à la raison.

— Mais sous quel prétexte aller le trouver, dit Claire ?

— Sous prétexte de jouer vous-même.

— Je suis sans argent, dit Claire.

— Voilà celui du fermier Claude, dit André, je vous le confie, à vous, car, heureusement à ce jeu, on ne joue que ce que l'on veut jouer... Allez-y, allez-y, mademoiselle.

Claire prit le rouleau d'André, le mit dans sa poche, et se dirigea vers un bosquet où trois enfants de 13 à 14 ans jouaient avec un acharnement incroyable ; l'œil animé, le visage en feu, ces trois enfants faisaient peine à voir ; les cris qui partaient de leur réunion n'étaient ni de joie, ni de gaîté ; la pauvre petite frémit, mais avança toujours. A sa vue les visages des petits joueurs s'adoucirent, celui de son frère garda seul les signes de l'agitation la plus grande.

— Que viens-tu faire ici ? lui dit son frère.

— Jouer, répondit-elle avec un courage qu'elle puisa dans sa peur même.

Puis elle s'assit, un des jeunes gens lui donna des cartes.

— Tu veux jouer et tu n'as pas d'argent, lui dit Henry.

— J'en ai peut-être plus que vous tous, dit-elle, obéissant à un petit mouvement de vanité dont elle se repentit aussitôt, car à peine eut-elle fait sonner le rouleau d'or sur la table, qu'Henry le lui arracha des mains, en criant :

— Ah! messieurs, vous ne vouliez plus me faire crédit, eh bien, payez-vous, et ma revanche maintenant.

Le rouleau s'ouvrit, l'or s'éparpilla, des mains s'avancèrent qui le saisirent ; cela se fit si vite, si lestement, que la pauvre Claire se vit dépouillée de ce rouleau confié à son imprudence, avant même qu'elle l'eut lâché en entier, car il lui restait un morceau de papier entre les doigts.

André, qui avait suivi Claire, parut aussitôt dans le bosquet.

— Monsieur Matéo! dit-il ; et sans presque savoir ce qu'il faisait, il prit les cartes que tenait Henry.

A ce moment, M. Matéo parut ; c'était un homme d'une taille ordinaire, d'une physionomie sévère, sur le visage duquel les mots *honneur*, *loyauté*, *honnêteté* se lisaient gravés sur chaque ligne ; — vif comme un soldat dont la vie s'est passée dans les camps, le premier jet de la colère était terrible, peu de personnes auraient osé s'y exposer ; mais comme tout être qui a une brusquerie à se faire pardonner, il devenait ensuite bon jusqu'à la faiblesse, et, chose incroyable, ses yeux, qui lançaient des éclairs, versaient alors des larmes.

— Des cartes chez moi! dit-il en s'élançant dans le bosquet, et le parcourant d'un coup-d'œil : il n'avait rien vu de la scène qui venait de se passer, mais les cartes étaient restées dans les mains d'André, et l'inspecteur des armées de Louis XV jeta au pauvre jeune homme un de ces regards qui terrassent ; il lui tendit la main, André y posa les cartes ; M. Matéo les lança par-dessus les murs du jardin ; puis, les yeux toujours fixés sur André, il lui fit signe de le suivre.

—André va tout dire ! Je suis perdu ! dit Henry, qui s'échappa par le côté opposé à celui que son père et André avaient pris.

— Mon Dieu ! comment tout cela finira-t-il, dit Claire en fondant aussitôt en larmes.

III

LA FUITE.

C'EST votre première faute, monsieur, dit M. Matéo à André qui le suivait les yeux baissés, la contenance triste; je ne vous la reprocherai pas, je vois à votre air que vous en êtes honteux, parlons d'autre chose; vous avez vu Claude?

— Oui, monsieur, dit André inquiet.

— Il vous a remis un rouleau d'or?

— Oui... oui... monsieur, dit le pauvre jeune homme en hésitant presque, car il devinait la phrase qui allait suivre.

— Donnez, dit monsieur Matéo en tendant la main, et sans

regarder André...; donnez donc, ajouta-t-il, imprimant un mouvement d'impatience à sa main.

— Je ne l'ai plus, dit André, vite, et d'une voix étranglée.

Monsieur Matéo se retourna vivement vers André... ils étaient ar-
rivés l'un et l'autre dans un endroit retiré du jardin, hors de tout
regard; voyant son protecteur cesser de marcher, André en fit
autant.

— Qu'en avez vous fait? demanda M. Matéo d'une voix sévère,
mais calme; — soyez franc, c'est la seule manière de vous faire
excuser.

— Je ne le puis, Monsieur, dit André d'un accent respectueux,
bien que résolu.

— Monsieur Matéo regarda à deux fois celui qui lui faisait une
pareille réponse; — vous ne le pouvez? répéta-t-il lentement.

— Non, monsieur, dit André tristement; veuillez, de grâce, ne
pas m'interroger; je dois paraître coupable, je le suis peut-être, c'est
tout ce que je puis dire.

— Monsieur! dit l'ancien militaire retenant un geste de colère; —
si vous étiez mon fils, je vous chasserai de chez moi; mais vous ne
m'appartenez pas, je n'ai pas le droit de vous mettre à la porte; cet
argent que vous m'avez pris, je vous le donne.

— Que de bontés! que de bontés, mon Dieu! cria André, dont
le visage se trouva subitement couvert de larmes.

— Ce n'est pas bonté, c'est pitié, monsieur; vous avez perdu ma
confiance, allez... je vous pardonne le mal que vous me faites.

Et M. Matéo s'éloigna comme s'il eût eu peur de se laisser attendrir, ou de reprendre sa colère. Hors les intéressés à
cette scène, cet incident n'eut aucune suite fâcheuse pour les plai-
sirs de la soirée; Claire avait séché ses larmes à la vue d'André re-
venu au salon, et qui avait répondu à ses inquiètes questions que
tout s'était très bien passé. La société se sépara assez avant dans la
nuit; avant d'aller se coucher, les deux enfants de M. Matéo avaient

pour habitude d'aller souhaiter le bonsoir à leur père, André faisait comme eux; ce soir-là, Claire et André, en se dirigeant vers
l'appartement de M. Matéo, s'aperçurent qu'Henry n'était pas
avec eux. — Il est peut-être déjà rendu, se dirent-ils, mais en entrant dans la chambre, ils ne le virent pas.

— Où est Henry? demanda M. Matéo, — cette même question
fut adressée au valet de chambre qui faisait la couverture, et qui la
quitta pour aller à la recherche de son jeune maître; mais il revint
un moment après, pâle et défait; on ne savait où était Henry.

— Oh! le pauvre garçon, dit Claire vivement, il aura eu peur de
papa, et se sera caché.

— Peur de moi, et pourquoi? lui demanda son père.

— André ne vous a pas dit? demanda Claire.

— Quoi? interrompit vivement M. Matéo.

— Qu'Henry avait joué et perdu l'argent de Claude...

— Ce n'est donc pas André, s'écria l'ancien militaire, en inter-
rompant une seconde fois sa fille.

— André, lui, est-ce qu'il joue, répliqua Claire, en levant les
yeux pour la première fois vers son frère adoptif; puis voyant l'em-
barras se peindre si grand sur la belle et noble figure du jeune
homme, voyant une rougeur passagère succéder à la pâleur habituelle de son front si pur, si bien découpé, elle devina tout, et raconta, malgré tous les signes d'André pour l'engager à se taire, ce
que vous savez déjà, mon jeune lecteur.

— Viens dans mes bras, André, s'écria l'ancien soldat ému, et
serrant sur son cœur cet enfant si généreux. — Viens, ton silence, ta
conduite te méritent tous les éloges. — Oh! que tu es bien digne de
tout ce que je fais pour toi, je n'en fais pas assez.... mais qu'on
cherche Henry, allez Germain, dites-lui qu'en faveur d'André, je le
pardonne... qu'il n'y retourne plus, par exemple, cela ne se pas-
serait pas aussi doucement.

Le vieux Germain ressortit, donna des ordres aux autres domestiques, mais ce fut en vain qu'on chercha Henry, qu'on l'appella, qu'on lui cria à haute voix une amnistie générale. — Henry ne se retrouva pas.

— Je le retrouverai, moi, se dit André à part lui, et sans rien dire à personne, il monta dans sa chambre, prit un poignard, changea de costume, puis il sortit doucement de la maison en évitant d'être vu d'aucun des habitants.

IV

LA FORÊT DE VINCENNES.

Dans la forêt de Vincennes, au milieu du taillis le plus épais, dans l'endroit le plus abandonné, était une famille de bûcherons, au fils aîné duquel André apprenait à lire et à écrire ; bien qu'Henry se moquât quelquefois de cette éducation pittoresque, ainsi l'appelait-il, il y accompagnait assez souvent le camarade de son enfance, son frère adoptif. Henry n'était point un méchant enfant, mais seulement fort mal élevé ; une tendre mère n'avait point, par ses caresses, adouci la sauvagerie de son caractère ; son père, trop souvent absent pour le suivre dans les phases de son éducation, n'était point venu, par ses conseils mitiger cette sauvagerie. André

se douta qu'il était chez les bûcherons, et il prit le chemin de Vincennes; il avait quitté la rue Saint-Dominique à onze heures, il
marchait vite. Comme une heure du matin sonnait au donjon du
château, il atteignait la lisière de la forêt. La nuit était belle, mais
sans lune, et l'intérieur de la forêt paraissait si sombre qu'André, qui
cependant n'était pas poltron, prit son courage à deux mains pour y
entrer; il avait entendu parler de malfaiteurs qui, la nuit, se ca-
chaient sous ces feuillages épais, et seul sans autre armes, qu'un petit
poignard, il n'aurait pas aimé se rencontrer avec trois ou quatre bri-
gands bien armés.

Néanmoins, et sans aucune hésitation, il entra dans la forêt; il
marchait, au milieu de l'ombre qui l'environnait, silencieusement,
l'oreille au guet, les mains en avant, crainte de se heurter aux arbres.
Tout-à-coup, il entend un bruit de feuilles sèches écrasées comme
sous les pieds de quelque animal; à ce bruit succède un frôlement
d'étoffe; un soupir perce le silence de la nuit. André grossit la voix,
en criant : — Qui est là?

— Ami! dit une voix si faible, si éteinte, si craintive, qu'André
comprit que le propriétaire de cette voix devait avoir encore plus de
peur que lui; alors, reprenant son accent ordinaire, il répliqua :

— Qui? ami. Êtes-vous égaré, blessé, où êtes-vous?

— Mais, c'est la voix d'André! s'écria celui qui avait dit si piteu-
sement : ami. A son tour André reconnut celle d'Henry.

— Certes, c'est moi! Où es-tu? dit André.

— Par terre, ne marches pas, tu m'écraserais, dit Henry ; en quit-
tant la maison, j'ai couru jusqu'ici; la nuit m'a surpris avant d'avoir
atteint la cabane d'Antoine, je me suis heurté à un tronc d'arbre, je
suis tombé, j'ai le pied foulé ou cassé. Bref, je ne peux me tenir debout, ni faire un pas.

— Attends, dit André, j'ai une pierre à fusil, je vais faire du feu,
cela nous éclairera pour voir ton mal.

Effectivement, André ayant ôté son habit pour être plus à son aise, ramassa quelques feuilles sèches qu'il mit en tas, il battit le briquet, les feuilles prirent, et à la faveur de la flamme, qui s'éleva pure et belle, les deux camarades se regardèrent.

— Que s'est-il passé au logis? demanda Henry ; papa est bien en colère?

— Tu es pardonné, dit simplement André ; on t'attend... Voyons ton pied.

Henry se déchaussa; son pied était rouge, enflé, rien n'était cassé; mais comme il ne pouvait pas marcher, qu'André n'était pas assez fort pour le porter, et qu'il n'y avait aucun carrosse pour les reconduire à leur destination, force fut aux deux amis d'attendre le jour et le passage de n'importe quelle charrette. André eut bien un moment l'idée d'aller rassurer M. Matéo sur l'absence de son fils; mais, outre qu'il était horriblement fatigué, il aurait pris plus de temps à y aller à pied, qu'à attendre un moyen de transport, qui ne pouvait manquer de s'offrir à eux d'un moment à l'autre.

Sur ces entrefaites, et à leur grand étonnement, le silence de la forêt fut interrompu par une voix jeune, fraîche, pure et éclatante. Les deux amis écoutèrent en se faisant signe l'un à l'autre de se taire.

Cette voix chantait sur un mode lent et plaintif :

> N'avez-vous point sur la colline,
> Ou sur le mont qui la domine,
> Trouvé, dites-moi, mon ami
> A l'heure où s'éteint la lumière,
> Où les morts sortent de leur bière,
> Un beau petit ange endormi?

> Il est tout blanc, il est tout rose,
> Avec sa bouche demi close,
> Et ses beaux cheveux tout soyeux
> Pauvre de moi! J'aimais à lire
> Dans son doux et riant sourire,
> Dans ses yeux bleus couleur des cieux.

Avec lui j'étais gaie et folle,
Et pour une mouche qui vole
Je riais ! hélas ! maintenant,
Regardez, les pleurs m'ont fanée
J'ai passé mes belles années
A chercher partout mon enfant.

Sur la terre de neige blanche
Un soir doucement il se penche ;
Il s'endort dans ce froid linceul !
Son front pâle se décolore,
Je cours, j'appelle, appelle encore ;
Ah ! plaignez-moi, je suis en deuil !

Soit l'heure de la nuit, la disposition d'esprit ou était nos deux jeunes gens, soit possible aussi cette voix nocturne qui avait un accent de désolation impossible à décrire, André et Henry se regardèrent émus. André se leva, prit un tison, et se mit à la recherche de la personne qui chantait ; il n'alla pas loin : à deux pas il aperçut une robe blanche, et vit une femme assise sur une pierre, elle était jeune, et sur ses traits pâles on voyait encore la trace d'une grande beauté ; ses magnifiques cheveux blonds flottaient au vent, elle s'en servait comme d'un voile pour les écarter de son visage. L'approche d'André les y ramena lorsqu'elle le vit tout près d'elle.

— Madame, lui dit le jeune homme, êtes-vous égarée ?

Oui, répondit-elle sans bouger, et faisant avec sa main un petit geste enfantin plein de grâce et de naïveté, elle ajouta : — chut ! — il dort, ne l'éveillez pas... Puis se levant soudain, elle reprit en fondant en larmes : — L'avez-vous vu ? Si vous l'avez vu, dites-le-moi.

Qui cherchez-vous, madame ? lui dit André les larmes aux yeux

2

de tant de jeunesse flétrie, et de beauté fanée sans doute par le chagrin.

— Oh! Monsieur, répliqua-t-elle avec un ton de reproche plein d'humeur et d'impatience; — Qui voulez-vous qu'une mère cherche, si ce n'est son enfant!

— Venez, Madame, lui dit André, pleurant presque, — nous le chercherons ensemble.

Et la prenant par la main, il revint avec elle près d'Henry.

— Cette femme est folle, dit Henry aussitôt qu'il eût jeté les yeux sur elle, que veux-tu en faire?

Pouvons-nous la laisser au milieu d'un bois? dit André.

— Mais enfin, tu ne peux l'emmener chez mon père, répliqua Henry.

— Non, pas moi, André, qui y suis moi-même reçu par charité, — mais toi... tu le peux, tu es le fils de la maison.

— Je le veux bien, dit Henry; puis il reprit, pendant que l'inconnue, qui avait froid sans doute, s'était agenouillée devant le feu pour se chauffer: c'est singulier, André, que mon père n'ait jamais voulu dire où et comment il t'avait trouvé... à vrai dire, nous ne le lui avons jamais demandé...

— Moi, je n'ai pas osé, dit André.

— A moi, çà m'était égal, dit Henry, je ne suis pas curieux; une chose cependant, je l'avoue, a éveillé ce sentiment chez moi, c'est ce tableau couvert d'une toile cirée, que mon père a dans une armoire dont jamais il ne laisse tenir la clef.

— Le portrait de ta mère, dit André.

— C'est ce que j'ai pensé, dit Henry, d'autant mieux qu'il l'emporte toujours à chaque voyage..., mais n'entends-je point une voiture.

— C'est juste, dit André, qui se mit aussitôt à courir vers la lisière de la forêt, — c'était un fiacre qui revenait à vide de Vincennes, où la veille au soir il avait conduit du monde; André le retint, puis revenant à l'endroit où il avait laissé Henry, il fut tout étonné de le trouver essayant d'entraîner la folle qui résistait.

— Veux-tu que je te porte à la voiture, dit-il à son camarade.

— Non, répondit celui-ci, le repos m'a rendu un peu de force; mais tâche de décider cette femme à nous suivre.

— Il ne faut qu'un mot pour cela, répondit André, qui prit la main de la folle en lui disant :

— Allons chercher votre enfant, Madame.

L'infortunée mère se laissa conduire au carrosse avec une adorable soumission. Henry se plaça près d'elle, André s'assit sur la banquette de devant; les chevaux partirent, il était petit jour lorsqu'on arriva rue Saint-Dominique, devant la demeure de M. Matéo; personne ne s'était couché, pas même Claire, qui, en bonne petite sœur qu'elle était, guettait le retour de son frère.

— Va te jeter aux genoux de papa, demande lui pardon, il ne demande pas mieux que de te pardonner, lui dit-elle.

En entrant dans la chambre Henry se jeta aux pieds de son père, mais le repentir était si bien peint dans ses yeux que le comte le releva et le serra dans ses bras ; alors André et Claire, qui s'étaient tenu, jusqu'à ce moment, derrière la porte pour ne pas gêner l'effusion du père et du fils, parurent; Claire conduisait la folle par la main et la présenta à son père, en lui racontant ce que vous savez.

V

LE TABLEAU.

A vue de cette étrangère, dont les traits, encore charmants, exprimaient une de ces folies calmes et tristes qui font tant de mal à voir, parce qu'elles expriment un grand malheur, impressionna vivement M. Matéo; il l'invita à s'asseoir, ce qu'elle fit avec grâce, aisance; comme si elle n'eût pas été folle.

— Pauvre femme! lui dit M. Matéo en se mettant près d'elle et lui prenant les mains, — vous avez perdu votre enfant; quand?

— Hier, répondit-elle en le regardant avec des yeux étonnés.

— Où, dites-le moi, nous irons le chercher, reprit M. Matéo.

— Le chercher, oui, mais le trouver, non; répliqua la folle. —

Il y a je ne sais combien de nuits et de jours que je le cherche, Monsieur, et une mère qui cherche son enfant, le cherche bien, allez...
C'était un soir, Monsieur, la neige tombait, tombait..., il faisait un
froid..., un vent affreux ; je me suis égarée de ma société..., j'avais
mon fils sur les bras..., je l'ai posé à terre pour monter sur une élévation, et appeler..., j'ai entendu un bruit affreux ; quand je me
suis retournée, la montagne était allé se promener avec mon enfant!... Depuis, Monsieur, je suis allée dans un pays où on ne parlait
pas français, on m'appelait la Folle ; tous les jours on me disait
comme vous, nous allons chercher votre enfant, mais je voyais bien
qu'on me trompait ; alors, hier, je suis partie de ce pays, à pied ; je
suis venue ici, à pied, j'ai été dans une forêt, j'ai chanté, ce jeune
homme est venu à mon chant!... Dites-moi, Monsieur, répétez-
moi, que vous m'aiderez à chercher mon fils... Vous n'avez pas l'air
trompeur, vous, et je vous croirai.....

Depuis que cette folle avait commencé son histoire, malgré le dé-
cousu de ses idées, une réflexion avait saisi le comte Matéo ; lorsqu'elle eut fini de parler, il se leva, ouvrit une armoire et en sortit
un tableau couvert d'un taffetas vert ; il souleva ce voile, et alors les
enfants qui, avant la folle, jetèrent les yeux sur cette peinture, virent
que cela représentait une montagne couverte de neige, un petit enfant endormi, contre cet enfant un de ces admirables chiens des mon-
tagnes dont la mission est de déterrer les personnes ensevelies sous la
neige ; celui-ci portait autour de son cou un petit baril d'eau-de-vie :
dans le fond on distinguait un homme qui venait à eux.

— Tenez, madame, voilà votre enfant, dit résolûment le comte en
mettant le tableau sous les yeux de la folle ; au même instant cette
femme poussa un cri, se jeta à genoux, cria Paul, Paul ! et tomba
évanouie.

Son évanouissement ne dura pas longtemps ; quand elle r'ouvrit les
yeux, elle fondit en larmes, et d'un accent qui, cette fois, ne trahis-
sait aucune déraison, elle dit en s'adressant au comte :

— Comment avez-vous fait, monsieur, pour peindre aussi exactte-
ment ce tableau?

— Voyons, madame, lui dit le comte, calmez-vous, et je crois, ça
n'est pas sûr, mais je crois que nous sommes sur la trace de votre fils ;
puis, se levant une seconde fois, il retourna vers l'armoire et prit un
paquet, l'ouvrit, et étala aux yeux de l'inconnue un vêtement com-
plet d'un petit garçon de deux ans ; alors la pauvre femme n'y tint
plus, redoublant ses pleurs et ses sanglots, elle se jeta aux genoux du
comte Matéo, et s'écria de cet accent qui arrache l'âme :

— Rendez-le moi ! rendez-le moi !... voilà ses vêtements, ce sont
mes mains qui les ont cousus. — Oh ! s'il vit... ajouta-t-elle avec
un accent d'hésitation qui prouva au comte que la folie s'éloignait de
cette infortunée. — S'il vit, répéta-t-elle, rendez-le moi !

Il vit ! dit M. Matéo.

— Mon Dieu ! merci, dit la pauvre mère en joignant les mains.

— Vous l'avez perdu enfant, je vous le rend jeune homme. Tenez,
regardez.

Et M. Matéo prenant André par les épaules, le poussa devant cette
femme, qui le regarda à plusieurs reprises, puis, lui tendant les bras,
elle cria mon fils ! mon fils !

La mère et le fils confondirent leurs larmes dans un long et silen-
cieux baiser.

Depuis un moment André avait tout deviné, mais saisi, et comme
sous l'obsession d'un beau rêve, il n'osait faire un mouvement de
crainte de voir s'évanouir ce rêve.

— C'est tout le portrait de son père dit-elle enfin, puis jetant par
hasard ses yeux sur une glace en face d'elle, elle remarqna son étrange
costume, ses longs cheveux épars, la rougeur lui monta au front, elle
cacha son visage dans ses mains et murmura :

— Mon Dieu ! c'est donc vrai, j'étais folle !

— Mais d'une folie qui vous fait honneur, madame, lui dit le
comte, qui, par les plus douces paroles, par les plus grands égards,

MARBOUKA.

chercha à lui rappeler ce qu'elle était, à lui faire oublier son égarement.

Claire, avec une grâce toute parfaite, lui relevait ses beaux cheveux.

— Ceci n'a pas besoin de commentaire, dit le comte Matéo en s'adressant aux deux jeunes gens. André, que j'avais nommé ainsi du jour du saint auquel je l'avais trouvé, André est récompensé de son admirable conduite, les événements de la vie s'enchaînent l'un l'autre et se tiennent pour ainsi dire par la main. S'il ne s'était pas fait l'instituteur du petit bûcheron de la forêt de Vincennes, il ne se serait pas douté de la retraite d'Henry, s'il n'était pas aller le chercher pour lui porter mon pardon, il n'aurait pas retrouvé sa mère...

Ainsi, André va nous quitter? s'écria Claire d'un ton chagrin.

— Cela vous fait de la peine, ma belle demoiselle? lui demanda la charmante étrangère.

— Oui, Madame, parce que mon intention était d'en faire mon mari, répondit-elle avec une adorable naïveté.

— Eh bien, reprit la mère d'André, tout peut s'arranger; mon mari, M. de Cérigny, qui est mort, hélas! me laissant enceinte de Paul, habitait Paris; son hôtel est rue de Grenelle... J'étais partie pour un long voyage, de sorte que si mon silence a étonné mes gens mon absence ne les a nullement inquiétés...

Effectivement, tout s'arrangea comme Madame de Cérigny le dit; Claire et Paul se marièrent, un de leur descendant est abonné à mon livre et y lira sans doute cette histoire avec plaisir.

MARBOUKA.

I

L'INCONNUE.

Le 9 juillet 1813, il pouvait être onze heures du soir lorsque les habitants d'une maison située quai Bourbon, dans l'île Saint-Louis, furent réveillés en sursaut, par un coup violemment frappé à la porte de la rue.—Bien que la maison fut grande, elle était peu habitée; l'ancienneté de sa structure, le peu de commodité des appartements, la vétusté des murs éloignaient les locataires; la propriétaire, veuve d'un soldat de la grande-armée, l'occupait seule dans ce moment avec une de ses enfants, jeune fille de 17 ans, une vieille servante qui les avait vu tous naître, le portier et sa femme, serviteurs de père en fils depuis des siècles dans cette maison.

Au premier coup tout le monde fut sur pied, au second la portière
et la vieille servante arrivèrent presqu'ensemble dans une chambre à
deux lits, située au premier étage, où couchait la mère et la fille.

— On frappe, Madame, dirent à la fois la portière et la servante.

— J'ai bien entendu, répondit la propriétaire.

— Que faut-il faire? demanda le portier.

— Ouvrir? dit la jeune fille en souriant de la question.

— Ouvrir, Mademoiselle, à cette heure!... j'oserais dire, sauf le
respect que je dois à madame votre mère, que ce n'est guère pru-
dent...; car enfin, à onze heures qu'il est, qui peut frapper ainsi?

— Des malfaiteurs, des voleurs, des assassins, à coup sûr! affirma
la vieille bonne.

— Les voleurs et les assassins ne frappent pas, répliqua la jeune
fille, qui s'était habillée pendant ce colloque — ce ne peut être qu'un
passant attardé, effrayé par quelque mauvaise rencontre, ou un malheureux qui implore du secours; du reste, il fait clair de lune,
ajouta-t-elle en s'approchant de la croisée et l'ouvrant, d'ici je verrai
bien qui frappe.

Elle n'avait pas achevé que la croisée était ouverte, la jeune fille
se pencha sur le balcon et cria : — Qui est là?

— Est-ce ici chez Mme Du Roux? demanda une voix dont le
timbre étranger et doux ne pouvait appartenir qu'à une très jeune
femme.

— Oui, répondit la fille de Mme Du Roux.

La voix reprit: — Une dame veuve, dont le mari est mort à
Austerlitz, dont le fils, officier, est en Russie, et qui demeure seule
avec sa fille?

— Oui, que lui voulez-vous?... demanda Mlle Du Roux — puis,
n'obtenant pas de réponse, elle répliqua : — Est-ce pour lui donner
des nouvelles de son fils?

— Oui, oui, oui, répondit vivement la voix comme saisissant avec
empressement une pensée qui ne serait pas venue d'elle-même.

— Des nouvelles de mon fils! s'écria Mme Du Roux sautant à bas
de son lit, et sans réfléchir au peu de probabilité qu'offrait cette

assertion, et à l'étrangeté de ces nouvelle apportées ainsi à onze heures du soir par une femme inconnue, elle donna l'ordre d'ouvrir. — Un moment après on introduisait auprès d'elle une jeune fille d'une beauté remarquable et dont le costume étranger était riche, mais souillé de poussière, et déchiré en plusieurs endroits. On voyait bien que la saleté boueuse du costume ne venait pas de la misère, mais des fatigues d'un long et pénible voyage, et que des circonstances forcées avaient seules empêché de le renouveler.

— Comment se porte mon fils, mon Edward? demanda madame Du Roux aussitôt qu'elle eut vu l'étrangère assise sur une chaise que lui avança la fille de la maison.

Mais comme si elle était venue pour tout autre chose que pour ce qu'elle avait annoncé, cette jeune et belle étrangère regarda autour d'elle avec un air de surprise dédaigneuse et d'étonnement méprisant.

— Que c'est pauvre ici, dit-elle ; en vérité, cela n'en vaut pas la peine...

— La peine, de quoi? demanda madame Du Roux?... Puis voyant que l'étrangère, sans lui répondre, continuait du regard l'inspection des lieux, — elle reprit ; — mais vous ne venez donc pas, madame, pour me donner des nouvelles de mon fils, de mon Edward?

— Votre fils est un monstre! cria l'inconnue avec un accent d'horreur impossible à rendre, les yeux hagards, et tout le corps agité d'un tremblement convulsif.

— Cette infortunée est folle, dirent à la fois madame Du Roux et sa fille, en se reculant de cette inconnue.

— Hélas! je le voudrais! répondit-elle en changeant subitement de ton, et levant sur la mère et la fille des yeux pleins de larmes, ce qui donnait à sa charmante physionomie quelque chose de si malheureux, de si triste, de si résigné, que madame Du Roux et sa fille se rapprochèrent.

— Voyons, mon enfant, dit madame Du Roux avec ce ton d'amitié bienveillante qu'une femme âgée emploie ordinairement envers une personne beaucoup plus jeune qu'elle ; — voyons, reprenez votre raison, vous êtes malade, fatiguée, peut-être.

— Oh! bien fatiguée, madame, c'est vrai, dit l'étrangère sur le même ton triste et doux qui allait si bien à l'expression de son visage.

— D'où venez-vous? comment vous nommez-vous? demanda madame Du Roux.

— Je ne veux vous dire ni l'une ni l'autre de ces deux choses, répondit l'étrangère avec un accent de fermeté qui empêcha la maîtresse de maison de renouveler sa demande.

— Vous pouvez au moins me dire ce que vous venez faire chez moi, répliqua madame Du Roux.

— Vous ne le verrez que trop, répondit l'étrangère d'un ton menaçant.

— Mais enfin, demanda madame Du Roux, échangeant avec sa fille et les autres personnes restées dans sa chambre, un de ces regards douteux sur le bon sens de cette inconnue; — qui vous a appris mon nom, ma demeure?

— Je vous ai déjà dit que c'était votre fils, madame, répondit-elle.

— Alors, vous venez de sa part? demanda Geneviève, espérant, à cause de son âge qui paraissait être le même que celui de l'étrangère, lui inspirer plus de confiance.

— Pas de sa part; mais à cause de lui, affirma l'étrangère, dans les beaux yeux bleus de laquelle il passa comme un éclair sinistre.

— Est-ce que nous allons passer toute la nuit ici? madame Bouchot, demanda la servante à la portière, pendant que madame Du Roux et sa fille se concertaient à voix basse en regardant l'étrangère, dont la fatigue fermait les yeux et faisait pencher la tête.

— C'est quelque vagabonde qui n'a ni feu ni lieu, mademoiselle Lise, répondit madame Bouchot, ça se voit tout de suite.

— Avoir l'audace de frapper, de nous réveiller, fit observer Lise.

— Madame est si bonne! dit la portière, un chacun le sait et en abuse... que voulez-vous, on ne la fera pas changer, à son âge, la bonne chère madame.

Dans ce moment, madame Du Roux se rapprocha de l'étrangère.

— Mademoiselle, lui dit-elle d'un ton empreint d'une sévérité que chacun de ses traits démentait; ou dites ce que vous désirez, ou retirez-vous, c'est l'heure du repos.

— Dire ce que je veux est impossible, madame; je vous répète que vous ne le saurez que trop tôt, répondit l'étrangère; et quant à me retirer... hélas! je ne demanderais pas mieux... mais où aller?

— Il faut pourtant que vous le sachiez, répliqua madame Du Roux sur le même ton dur et sévère; ma maison n'est pas une auberge à laquelle on frappe la nuit comme le jour.

Un éclair de fierté superbe illumina soudain le beau front de cette jeune fille; elle se leva, fit quelques pas vers la porte, mais soit l'émotion, la honte, ou possible le besoin, elle pâlit, chancela, et serait tombée si Geneviève, qui suivait avec intérêt chacun de ses mouvements, ne l'eût reçue dans ses bras.

— Ah! dit-elle en fermant les yeux, la force trahit mon courage; je me meurs!

Et effectivement, pendant un moment, elle parut insensible à tout ce qui se disait et se faisait autour d'elle; Geneviève l'avait couchée sur le lit de sa mère; madame Du Roux lui bassinait les tempes avec du vinaigre, Lise lui détachait ses vêtements, et la portière, lui voyant du sang à ses pieds, la déchaussa.

— Ah! que j'ai soif, murmura-t-elle, lorsque tous ces soins réunis l'eurent rappelée à l'existence.

Elle n'avait pas achevé que Geneviève lui présentait le verre d'eau sucrée à la fleur d'orange, que tous les soirs elle préparait pour sa mère.

— Avez-vous faim aussi?... Parlez... lui demanda la jeune Parisienne de cet accent si doux qui inspire la confiance.

— Depuis hier soir, je n'ai rien mangé, répondit l'étrangère.

Et, comme à cet aveu, la servante s'empressa de lui présenter un morceau de volaille froide et du pain, la pauvre fille se précipita sur ces aliments avec une voracité qui confirmait son assertion.

Au grand étonnement de tous ceux qui l'entouraient, bien que cette étrangère parût de bonne condition, bien élevée, et parlât supérieurement français, ce qui indiquait une bonne éducation, elle n'adressa pas un mot de remercîment, ne dit pas une parole agréable à ces quatre femmes qui s'empressaient autour d'elle; elle recevait tous ces soins comme s'ils lui eussent été dus, comme si on se fût trouvé trop heureux de les lui rendre. Lorsqu'elle eut réparé ses forces, elle se leva, et après un moment de réflexion, pendant lequel son front s'était contracté sous une pensée pénible, elle dit, en s'adressant à madame Du Roux :

— Madame, j'ai dix-sept ans, je suis seule au monde; j'arrive dans l'instant à Paris, où je ne connais personne.... Si votre fille, que vous aimez, si votre fils même, qui est un homme et qui est fort, était à ma place... que voudriez-vous qu'on fît pour lui, pour elle?...

— Mon fils, ma fille diraient leur nom, mademoiselle.

— Dieu préserve aucun des vôtres, madame, de se trouver dans l'affreuse position où je suis, interrompit l'étrangère avec un sentiment d'effroi et de douleur tel, que madame Du Roux acheva :

— Qui que vous soyez, restez.....

— Madame, s'écria cette étrange personne, réfléchissez avant de m'accorder l'hospitalité; je suis trop franche pour ne pas vous dire que vous vous en repentirez.....

Souriant avec bonté, car madame Du Roux prit cet aveu comme l'effet d'une imagination en délire, elle répondit doucement :

— Allez avec Geneviève, sa chambre est à deux lits, vous coucherez dans l'un.

— J'accepte, et vous le répète, madame, vous vous en repentirez.

Puis, marchant à côté de Geneviève, dont elle refusa le bras, elle la suivit dans une très jolie chambre, et se jeta toute habillée sur le lit que sa compagne lui indiqua.

II

LE NOM QUI PORTE MALHEUR.

ITÔT que le jour parut, le premier soin de Geneviève fut d'aller regarder cette étrangère à laquelle sa mère avait donné l'hospitalité, elle dormait; le sommeil et le repos, dont elle avait tant besoin, avaient répandu sur ses traits quelque chose de si doux, de si suave, que jamais la jeune Parisienne n'avait vu une figure plus charmante, plus délicieuse; les lignes de son beau front surtout, sur lequel ses beaux cheveux blonds, partagés en bandeau, formaient comme une couronne d'or; ces lignes étaient pures, nettes, on aurait dit le front d'une reine; bientôt Geneviève, qui la regardait toujours, vit des larmes couler de ses yeux fermés, et de ses lèvres entr'ouvertes elle entendit sortir en mots entrecoupés :

5

— Les détruire... tous... tous... les brûler... les saccager... les ruiner...

Geneviève, qui s'était penchée sur l'étrangère pour mieux entendre ces phrases, se recula épouvantée, autant de ces paroles, que de l'expression qui les accompagnait.— Ce brusque mouvement réveilla l'étrangère, qui ouvrit les yeux, et à laquelle il fallut un moment pour se rappeler où elle était. — Mademoiselle, lui dit Geneviève, en voulant lui prendre la main que l'étrangère repoussa, on aurait dit avec un sentiment d'horreur. — Vous êtes malheureuse, n'est-ce pas?... Vous souffrez... et comme les âmes fières et rebelles, vous craignez de heurter votre misère au contact du bonheur d'autrui. — Hélas ! nous ne sommes peut-être pas plus heureuses que vous... mon père est mort... mon frère, arraché de nos bras, est peut-être, qui sait, prisonnier en Russie... ou mort aussi peut-être : il y a six mois que nous n'avons reçu de ses nouvelles... Cette maison nous appartient, il est vrai, mais sa vétusté, le quartier retiré, tout empêche de la louer... il est impossible de la vendre... il y a plus de dettes dessus qu'elle ne vaut... Je vous dis tout cela, Mademoiselle, parce que je vous vois souffrir... parce que vous vous êtes étourdîment, comme un oiseau blessé par un chasseur, abattu chez nous, parce que vous nous croyez riches, heureuses, et que j'ai peur que, dans cette conviction, vous ne disiez devant ma mère de ces paroles qui sont des lames de poignard pour certaines plaies... on vous a ouvert, parce que vous avez prononcé le nom d'Edward, de mon frère, — on vous a reçu, parce que vous tombiez de fatigue et de besoin ; vous pouvez rester ici, si vous ne savez où aller, mais sachez avant, qu'excepté ma mère, nous travaillons tous pour vivre,—tous jusqu'à Lise, ma bonne, qui fait des ménages et qui nous apporte le produit de son travail.—Le portier est cordonnier, nous ne lui donnons que le logement; sa femme est blanchisseuse, et moi... ajouta Geneviève, en allant chercher sur une table un tableau commencé,— voyez... je peins... Je vous devais tous ces détails, parce que vous êtes chez nous, par cette même raison, je n'exige pas votre confiance, seulement dites-moi un nom quelconque, afin que je puisse vous appeler...

— Eh bien, dit l'étrangère, d'un ton d'impatience, et que tous ces détails n'avaient pas semblé émouvoir, appelez moi Marbouka... c'est un nom hébreux qui signifie : — Je porte malheur.

— Marbouka, dit Geneviève, d'une voix ravissante de bonté, — vous êtes bien faite pour lui faire changer de signification, et elle ajouta : — Marbouka, voulez-vous m'aimer ?

— Non, non, non ! s'écria Marbouka, avec une expression si sauvage, si farouche, que pour la seconde fois Geneviève se recula épouvantée ; puis la charmante fille, se reprochant ce mouvement qui pouvait offenser celle qui le causait, elle revint au lit de sa compagne.

Marbouka, lui dit-elle doucement, je serai bonne avec vous, et vous m'aimerez peut-être un jour, je l'espère... Restez ici tant que vous le désirerez ; ma mère et moi, nous ne savons renvoyer personne.

Puis, pour ne pas la gêner et la laisser agir à sa fantaisie, Geneviève descendit chez sa mère. — Je crois, lui dit-elle, que cette jeune fille a quelque chose de dérangé dans le cerveau ; puis elle raconta les étranges contradictions qu'elle avait remarquées chez cette étrangère : — ses larmes silencieuses et ses accès de fureur, le chagrin profond qui se peignait sur ses traits, et l'horreur qu'elle, Geneviève, lui inspirait.

— Cela ne peut être naturel, ajouta l'aimable et naïve enfant ; je ne lui ai jamais fait de mal ; elle peut n'éprouver pour moi aucune sympathie... mais me haïr, c'est impossible !... N'est-il pas vrai, maman, il faut qu'il y ait de la folie chez elle ?

— Elle a connu mon fils, répondit madame Du Roux : où, comment ?... Tâche de le savoir, Geneviève.

— Hélas ! répondit Geneviève, le nom seul de mon frère éveille chez cette jeune fille, si belle au repos, si sauvage quand on réveille son imagination, des mouvements de rage convulsive que je ne puis exprimer, il faut qu'elle ait connu mon frère dans l'affreuse circonstance qui lui aura dérangé la raison... et...

Geneviève s'interrompit soudain, en voyant la porte de la chambre s'ouvrir, et l'inconnue s'avancer lentement vers elle. Son air était calme, digne, mais froid et triste; elle tenait les yeux baissés, et ne les leva pas pour dire ce qui suit :

— Madame, votre fille m'a dit que chacun ici travaillait pour subvenir au besoin commun de la famille; je ne veux être pour vous ni une charge ni une inutilité.—Je ne sais pas travailler... mais, comme mademoiselle, je sais peindre, je peindrai.,.

— Bien, mon enfant, répondit madame Du Roux.

— Appelez-moi Marbouka, interrompit vivement et avec un tremblement convulsif la belle étrangère, — appelez-moi Marbouka ; je vous dis que je porte malheur.

Marbouka fut à son tour interrompue par la vieille Lise, qui entrait dans la chambre de sa maîtresse pâle, émue, si émue, que ses lèvres remuaient en vain pour laisser échapper des paroles qu'elle ne prononçait pas; mais elle tenait à la main une lettre qui motivait son émotion. Elle donna cette lettre à Geneviève, qui n'eut pas plus tôt jeté les yeux sur l'enveloppe, qu'elle s'écria :

— De mon frère, d'Edwards! et elle brisa l'enveloppe avant de la remettre à sa mère. Puis, pendant que celle-ci la lisait, et disait, tremblante et pleurant,—mon fils! il arrive! Geneviève se retourna vers Marbouka, et, se jetant en larmes dans ses bras, elle lui cria :

— Vous voyez que vous ne portez pas malheur, que vous faites mentir votre nom, Marbouka!

— Attendez... plus tard... répondit cette jeune étrangère avec un sourire amer et en se dégageant, d'une manière forcée cependant, de l'étreinte amicale de la sœur d'Edward.

III

LE BUCHER.

Depuis deux mois environ l'étrangère
habitait la maison de madame Du Roux;
Edward, qu'on attendait d'un moment à
l'autre, n'était pas encore arrivé, et rien
n'avait dévoilé ni qui était Marbouka, ni
d'où elle venait. Le plus grand mystère
l'enveloppait. Les plus étonnants contras-
tes se faisaient remarquer en elle : polie,
mais toujours froide; jamais affectueuse;
se tenant continuellement dans une réserve
qui quelquefois lui paraissait être pénible,
elle se mêlait aux travaux de la maison,
sans jamais se mêler aux conversations de
ceux qui l'entouraient. Voyait-elle la mère et la fille s'occuper d'un
ouvrage de couture, elle s'asseyait à la même table, s'emparait du

premier morceau d'étoffe venu, et sous ses mains blanches et délicates, cette étoffe prenait la forme qu'elle désirait lui donner. Madame Du Roux était-elle malade, ce qui lui arrivait assez fréquemment, Marbouka revêtait le petit tablier de bonne, et servait sa protectrice avec le dévouement, l'attention et le tact d'une servante expérimentée ; et tous ces soins, elle les remplissait en automate, mue par un ressort caché. Le seul mot qu'on lui entendait prononcer, quand elle croyait qu'on ne faisait pas attention à elle, c'était celui : — Quel dommage ! — Alors ses grands yeux, secs ordinairement, s'humectaient ; sa noble figure s'adoucissait et prenait toutes les expressions naïves et pures de l'enfance. Alors seulement elle avait bien dix-sept ans. — Dans son expression habituelle, on lui en aurait donné trente. — Une chose lui redonnait aussi sa jeunesse et ses joies enfantines : c'était la vue des champs, du ciel, du soleil ; on l'aurait dit dégagée des limbes qui l'ensevelissait dans un voile de deuil. Elle courait le nez au vent, le chapeau à la main, aspirant l'air et les senteurs parfumées de la terre ; elle cueillait, en se courbant et se relevant aussi vite, les fleurs sauvages qui bordaient la route, elle en emplissait son tablier, et soudain les rejetant sur le chemin, les foulait aux pieds en murmurant : — Meurs, meurs, tout ce qui plaît, tout ce qui charme, tout ce que j'aime ; — meurs, et moi avec, si c'est possible !

Tout cela, vous le voyez bien, la faisait passer pour folle dans le quartier, Geneviève, seule, avec ses doux instincts de jeune fille impressionnable et pure, avait compris qu'un grand chagrin, un grand malheur, une affreuse catastrophe, avait troublé, mais non détruit, la raison de cette belle personne, et, bonne qu'elle était, elle surveillait Marbouka de cette surveillance ingénieuse qu'une mère emploie envers un enfant malade. — Marbouka, je vous l'ai dit, couchait dans la chambre de Geneviève, et souvent la nuit, la jeune fille l'avait entendu se plaindre, pleurer, — se disant : — allons, du courage, — et se recoucher, en criant presque et avec un accent d'effroi : — Non, non, c'est impossible ! — On finit par s'habituer à tout, et Geneviève avait pris son parti sur les insomnies de sa compagne, elle n'y apportait même plus guère qu'une très légère atten-

tion, lorsqu'une nuit, qui devait précéder, supposait-on, l'arrivée
d'Edward, il sembla à Geneviève, malgré le sommeil qui appesan-
tissait sa paupière et alourdissait son imagination, — que Marbouka
était encore plus agitée que les autres nuits, du moins que cette
agitation durait plus longtemps; elle ouvrit les yeux, regarda, et à
le lueur de la veilleuse, qui éclairait leur chambre, Geneviève vit
l'étrangère, debout, toute habillée, mais pâle, comme jamais elle ne
l'avait vue pâle, une bougie à la main, l'approcher de la veilleuse,
l'allumer et se diriger vers la porte ; — Geneviève eut l'idée que
cette jeune fille était somnambule, et par un sentiment de charité
parfaite, Geneviève craignant qu'elle ne se fît mal dans ses pérégri-
nations, se leva, passa ses pantoufles dans ses pieds nus, prit un
jupon, jeta un châle sur ses épaules et la suivit à distance.

Elle la vit se diriger vers l'escalier, le descendre jusqu'à la porte
de la cave, arrivée là, faire le mouvement de quelqu'un qui revient
sur ses pas, puis le geste brusque et menaçant d'une personne qui
prend une terrible résolution, pousser la porte d'un coup de poing,
l'ouvrir, et se précipiter, en courant, dans ce lieu sombre et humide;
Geneviève n'hésita pas à se précipiter après elle. Marbouka marchait
devant, agitée, émue, tremblante, la lumière vascillait dans sa main,
et semblait, à chaque pas, prête à tomber et à s'éteindre; enfin,
ayant atteint l'endroit qu'elle voulait sans doute, elle s'arrêta; —
Geneviève vit, avec étonnement, que c'était devant un bûcher formé
des bûches en réserves dans la cave, et merveilleusement arrangé
pour prendre feu au moyen de la moindre étincelle; — les bûches
étaient artistement croisées avec des jours réservés entre, pour donner passage à l'air, et, entre la paille, il y avait du papier pour ali-
menter le feu; pendant que, surprise, Geneviève admirait ce travail
et se demandait à quel usage il pouvait être destiné, elle vit, avec
un sentiment d'effroi impossible à rendre, Marbouka approcher froi-
dement la bougie d'un de ces paquets combustibles de paille et de
papier, mais avant qu'elle eut eu le temps de l'allumer, Geneviève
s'était précipitée vers elle, lui avait arraché la bougie, et aussi pâle,
aussi tremblante que la coupable étrangère, — elle s'était écriée :

— Malheureuse ! c'est ainsi que vous payez l'hospitalité !

A la vue de sa jeune hôtesse, Marbouka ne parut que légèrement émue, un sourire froid et amer accueillit l'exclamation désolée de la jeune fille, et sans chercher à fuir ou à se disculper, sans s'excuser même seulement, elle croisa ses beaux bras blancs sur sa poitrine et jeta à sa belle et pâle compagne un regard de dédain et de mépris.

— Oh ! mais j'oublie que vous êtes folle, pauvre enfant, répliqua Geneviève, prenant de la main qui ne tenait pas la bougie le bras de Marbouka et l'entraînant hors de la cave.

Celle-ci n'opposa aucune résistance, elle se laissa conduire ; arrivée dans leur chambre commune, et pendant que l'étrangère se déshabillait tranquillement pour se recoucher, Geneviève alla se précipiter à deux genoux dans un angle de la chambre, aux murs de laquelle un Christ en ivoire blanc sur un fond de velours noir était accroché et, fondant en larmes, elle s'écria tout haut :

—Mon Dieu, pardonnez à l'insensée qui ne savait ce qu'elle faisait, —puis se relevant et se dirigeant vers le lit de Marbouka qui venait de s'y étendre insensible et comme morte, elle lui dit en pleurant toujours :

— Que nous avons-vous fait, Marbouka pour nous haïr ainsi, pour vouloir incendier le toit qui vous protège, la main qui vous nourrit, pour vouloir réduire en cendre des cœurs qui vous aiment ? —Marbouka, voyez mes larmes, mon désespoir, promettez-moi, promettez-moi que vous ne renouvellerez jamais plus une pareille tentative, et je vous promets, moi, le silence le plus absolu, même auprès de ma mère, à laquelle je n'ai encore rien caché, ni pensée, ni action,— dites, Marbouka, promettez-le moi.

A ces accents désolés, dont chaque inflexion douce et pure ressemblait à une caresse, Geneviève vit comme une larme poindre dans l'œil bleu de Marbouka, mais cette larme ne coula pas, la belle étrangère conserva sa physionomie impassible ; elle ne répondit rien, elle ne promit rien, un silence de défi et de mépris errait seul sur ses lèvres. Geneviève jugea qu'il était inutile de recommencer ses supplications ; elle se releva, éteignit cette fois et la bougie et la veilleuse ; elle ferma à clef. la porte de la chambre, prit cette clef avec elle et dit en allant se recoucher :

— Si vous voulez encore brûler quelqu'un, Marbouka, vous commencerez par vous et par moi !

— Oh ! je ne voulais pas m'en exempter, répondit alors Marbouka, avec un accent d'amertume ineffable.

Ce furent ses seules et dernières ; paroles le reste de la nuit se passa comme d'habitude, seulement Geneviève ne remarqua aucune agitation dans le sommeil de sa compagne.

Le Tombeau de sainte Geneviève.

IV

LE TOMBEAU DE SAINTE-GENEVIÈVE.

LE lendemain, en se levant, le premier soin de Geneviève fut d'aller à la cave faire disparaître toute trace du bûcher élevé par Marbouka; puis, remontant dans son cabinet de travail, elle prit ses pinceaux, sa palette, ses couleurs et disposa tout pour peindre..... mais impossible! les événements de la nuit se représentaient à son imagination si vivants, si terribles, elle pensait avec tant d'effroi que si elle eut succombé au sommeil, sa mère, son adorée mère,

aurait peut-être expiré dans les souffrances les plus cruelles; qu'à
cette idée seule un frisson lui parcourait les veines, y glaçait son
sang, et une sueur froide découlait de son front. Elle se leva pour
aller voir ce que faisait Marbouka, elle la trouva comme si de rien
n'était, arrangeant des fruits sur une corbeille; elle remonta chez
elle, où ses pensées pénibles l'y suivirent; l'insensibilité que Marbouka avait apporté à son action barbare et à toutes ses marques
d'amitié, froissaient le cœur aimant et honnête de Geneviève, mais,
que faire? s'exposer encore elle et sa mère à une seconde tentative
de ce genre était folie! livrer cette jeune fille presqu'une enfant aux
tribunaux, lui paraissait barbare; elle réfléchit à ce qu'elle pouvait
inventer pour éviter ou un malheur ou une cruelle justice; et un
soupçon pénible glissa dans son âme.

Marbouka n'était pas chrétienne! jamais elle ne l'avait vue accomplir aucun acte de religion quelconque, et les dimanches ou les jours
de fête, lorsqu'elle suivait à l'église elle et sa mère, il lui semblait,
elle ne put cependant l'affirmer au juste, que Marbouka ne trempait
point ses doigts dans le bénitier pour faire le signe de la croix, qu'elle
ne s'agenouillait pas à l'élévation, qu'enfin elle assistait à l'office
divin assise, sérieuse et froide, comme on assiste à un spectacle quelconque.

Une fois que ce soupçon eut pénétré dans son âme, Geneviève
voulut s'assurer de sa véracité; la jeune fille avait une foi sincère
et vraie dans sa patronne *sainte Geneviève;* elle voulut aller la re-
mercier du danger auquel elle avait échappé, et en même temps
tenter un dernier moyen sur l'esprit sauvage de cette étrange inconnue.

Elle s'habilla pour sortir, dit à sa mère qu'elle allait accomplir
une mission sur le tombeau de sainte Geneviève; elle ne mentait pas,
en même temps elle invita Marbouka à la suivre; et se faisant toutes
les deux accompagner par la vieille Lise, elle prit avec ses compagnes
le chemin de l'église de Sainte-Geneviève.

—Reste-là, dit-elle à sa bonne en entrant dans l'église ; puis sai-sissant la main de Marbouka, elle l'entraîna avec elle devant cette belle tombe, chez-d'œuvre d'art religieux. Elle la fit asseoir sur la marche de marbre de la tombe, et s'agenouillant au pied de sa com-pagne, elle lui dit :

— Marbouka, dans ce lieu saint et redoutable, au pied de la tombe de la sainte qui pendant toute sa vie n'eut pas une pensée coupable à se reprocher, qui vécut pure, qui mourut pure, si nous ou quelqu'un des miens t'ont fait injure, je te demande pardon, en mon nom, en leur nom... pauvre enfant, tu es trop jeune pour haïr avec cette té-nacité, pour te venger avec cette cruauté... pardonner est si doux ! oh ! pauvre exilée sur une terre étrangère, tu as trouvé des bras qui s'ouvrent pour te protéger, des cœurs qui battent pour t'aimer... non, tu n'es pas folle, tu es malheureuse... ce n'est pas ta raison que tu as perdue, c'est ton bonheur... Eh bien, ma sœur, mon amie, ma compagne, laisse-toi toucher par mes prières... attendrir par mes larmes... vois... tu m'as offensée, et c'est moi qui te demande par-don ; — tu as commis un grand crime, et c'est moi qui pleure... Oh ! je t'en prie, je t'en prie, Marbouka, soulage ton cœur froissé, verse dans le mien tes peines et tes chagrins... Oh ! ne détourne pas ton visage du mien, tes yeux des miens... Tu es émue, ne me cache pas ton émotion... Marbouka, Marbouka, nous sommes dans la maison de Dieu ; de celui qui souffrit et mourut pour nous..... Oh ! pauvre âme affligée, pardonne-moi, pardonne-moi !

— Je suis vaincue, cria presque Marbouka en laissant tomber son visage baigné de larmes sur l'épaule de Geneviève, qui lui tendit les bras. — Je suis vaincue, répéta-t-elle en sanglottant... Oh ! toi qui pleure, qui prie, qui implore mon pardon, c'est à moi de m'humilier dans la poussière, à moi de cacher mon front coupable sur le marbre de ce tombeau. Geneviève, un aveu seul peut, non m'excuser, mais me faire trouver grâce à tes yeux. Changeons de place ; assieds-toi, honnête et sainte créature, et laisse-moi m'agenouiller à mon tour.

Écoute ce récit plein d'horreur et de trouble ; écoute, et accuse-moi
si tu veux, mais plains-moi d'abord.

Et ayant fait mettre Geneviève à sa place, la fière jeune fille s'age-
nouilla à son tour ; son noble et beau front avait perdu sa fierté or-
gueilleuse, sa bouche son dédain superbe, ses lèvres le sourire amer
qui faisait mal à voir. Cette altière jeune fille n'était plus qu'une
enfant humble, soumise, baissant sa tête docile presque sur les genoux
de sa compagne.

— Écoute, lui dit-elle à demi-voix et avec un frémissement de
douleur, je suis Russe, je suis de Moscou, je suis... ou plutôt j'étais la
fille du riche boyard Mezinskoff..... Jeune, belle... tu le vois encore
bien que les malheurs aient altéré ma beauté... Riche, aimée, heureuse, une nuit a tout détruit, tout... Les Français ont pris Moscou,
et cette nuit le feu a dévoré nos propriétés, mon père et ma mère sont
morts égorgés... et folle, insensée, je courais çà et là, ne sachant si
je fuyais ou si je cherchais la flamme pour m'y jeter ; lorsque sur le
seuil de mon palais embrâsé, je vis un jeune homme ; il portait l'uni-
forme français, c'était un des dévastateurs de ma belle patrie ; je fus
à lui, je voulais le tuer. D'un geste de pitié il éloigna l'arme que
j'approchais de son sein, et passa outre sans même me jeter un second
regard de mépris ou de pitié. Je courus après lui, une pensée infer-
nale me fit désirer de vivre ; il est jeune, me dis-je, il doit avoir une
mère, son air est noble, il a sans doute une fortune... eh bien, je lui
prendrai ce qu'il m'a pris, je lui ferai verser les larmes qu'il m'a fait
répandre, je mourrai certes dans cette vengeance, mais je mourrai
vengée. — Quel est ton nom ? lui demandais-je. — Edward Du
Roux, me répondit-il. — Ta ville ? — Paris. — Ton adresse ? — Quai
Bourbon.

C'était tout ce que je voulais savoir ; je le quittai, et, vêtue comme
je l'étais au moment du désastre, je partis, seule, à pied, de Moscou ;
je marchais longtemps, bien longtemps, me reposant dans des chau-
mières, dans des églises dévastées, demandant partout une aumône et

l'hospitalité qu'on ne me refusait nulle part. Quelquefois un bouvier me prenait sur sa charrette et adoucissait ainsi la fatigue de la route. Souvent un riche équipage m'épargnait bien du chemin... Que vous dirai-je ?... j'atteignis Paris ; j'y entrais un matin, le nom, l'adresse de la mère d'Edward à la bouche. Je mis une journée à la chercher ; il était nuit depuis longtemps, lorsqu'un vieillard, attardé dans ce quartier, me laissa à votre porte : vous savez le reste... Mais ce que vous ne savez pas, c'est tout le courage qu'il m'a fallu pour résister à votre amitié, à vos douces étreintes, pour me raidir à vos bontés..... Vingt fois je me suis sentie prête à tomber à vos pieds, à vous crier : Malheureuse, l'être que vous réchauffez dans votre foyer a fait mille lieues pour vous porter la mort ; l'être auquel vous ouvrez votre cœur cherche la place où il doit frapper... Mais ma ville détruite, mon père égorgé, ma mère brûlée, tout venait se placer entre vous et moi... Il faut que ce Français insolent et méprisant souffre ce que je souffre, me disais-je, et mes idées de vengeance renaissaient... Cependant j'hésitais encore, mais l'annonce de l'arrivée de votre frère a fait évanouir mes incertitudes, et cette nuit j'allais mettre mon projet à exécution.

En achevant cette confession, Marbouka baissa la tête et pleura.

— Je mérite la mort ! ajouta-t-elle.

— Il y a plus de place dans le paradis pour dix pécheurs repentants que pour un juste, — a dit le divin Seigneur, — murmura Geneviève en relevant la tête de sa compagne et en l'embrassant. — Viens, Marbouka, je bénis ce qui s'est passé, puisque j'ai trouvé une sœur, une amie.

Et les deux jeunes filles, étroitement embrassées, quittèrent le tombeau pour chercher Lise, qu'elles trouvèrent endormie au pied de l'autel de la Vierge, où, sans doute, elle s'était agenouillée pour prier.

En entrant au logis Geneviève trouva sa récompense ; son frère était arrivé. Sa mère, heureuse, put depuis embrasser à la fois ses deux enfants.

Marbouka reçut aussi un soulagement à ses maux ; elle apprit, par Edward, que son père avait survécu à ses blessures, et ne pouvait se consoler de sa perte. On lui écrivit que sa fille existait, et à la réponse de cette lettre, la maison de madame Du Roux eut enfin un locataire, ce fut le boyard Mezinskof, qui n'ayant plus de famille qui le retenait en Russie, vint se fixer pour toujours en France.

FIN.

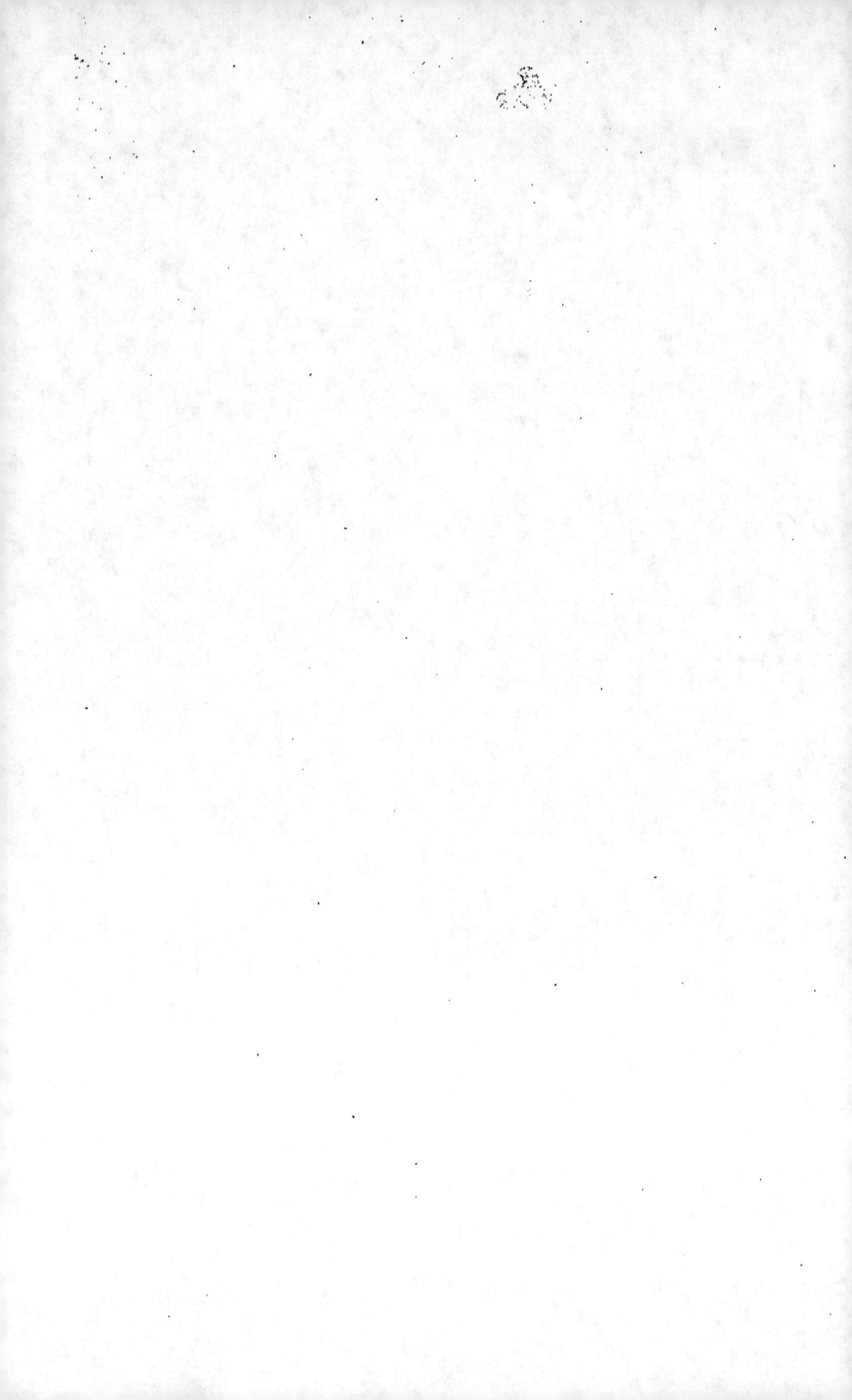

www.ingramcontent.com/pod-product-compliance
Lightning Source LLC
LaVergne TN
LVHW022144080426
835511LV00008B/1254